Josef Schlueter

Festrede zum Geburtstage Sr. Majestät des Kaisers

Josef Schlueter

Festrede zum Geburtstage Sr. Majestät des Kaisers

ISBN/EAN: 9783337336134

Hergestellt in Europa, USA, Kanada, Australien, Japan

Cover: Foto ©ninafisch / pixelio.de

Weitere Bücher finden Sie auf **www.hansebooks.com**

PROGRAMM

des

Progymnasiums zu Andernach

für das

Schuljahr 1878—79.

Von dem Rector

Dr. Jos. Schlüter.

Festrede zum Geburtstage Sr. Majestät des Kaisers,

22. März 1879.

So weit unsere Erinnerung trägt, ist der Geburtstag unseres Königs ein hoher Fest- und Freudentag, ein Tag, der seit Gründung des neuen Deutschen Reichs naturgemäss noch erhöhte Bedeutung gewonnen hat. In allen Gauen des Vaterlandes, ja wo immer nur, über den weiten Erdkreis zerstreut, Deutsche wohnen, schallt heut heller Jubel, allüberall weht und flattert, ihren kaiserlichen Schirmherrn zu grüssen, unsere harterkämpfte nationale Tricolore im frischen Frühlingswinde!

Kaiser Wilhelm! Wem ginge nicht das Herz auf bei diesem Namen? Wem ist es nicht, als müsste ihm in allen festlichen Veranstaltungen dieses Tages, auf allen Wegen fort und fort der gemüthliche Refrain des Hoffmann von Fallersleben'schen Kaiserliedes wiederklingen:

„Du edles Deutschland, freue dich,
Dein König, hoch und ritterlich,
Dein Wilhelm, Dein Kaiser Wilhelm ist's!"

Mit tiefer ergriffenem Gefühle, in gesammelter ernsterer Stimmung begrüssen wir aber das Licht eben dieses Tages, an welchem unser ehrwürdiger Kaiser Wilhelm wiederum in ein neues Lebensjahr — sein dreiundachtzigstes! — getreten ist. Wohl sehen wir mit innig befriedigter Theilnahme die frohe Bewegung, den heiteren Glanz des in solcher Art gewissseltenen patriotischen Festes; doch ein bitterer Tropfen mischt sich in den Becher der Freude die einmal nicht abzuweisende Erinnerung an die unerhörten, gegen das geweihte Haupt seiner Majestät gerichteten Frevelthaten des vergangenen Jahres, angesichts deren der Genius des Vaterlandes sein Haupt verhüllen muss.

Es war, wie seiner Zeit der Reichskanzler Fürst Bismarck in öffentlicher Rede treffend hervorhob, für unser nationales Gefühl eine tiefe Demüthigung, dass „ein Monarch, der mehr wie irgend ein lebender, und ich möchte wohl sagen, ein der Vergangenheit angehöriger gethan hat mit Einsetzung seines Lebens, seiner Krone, seiner monarchischen Existenz, um die Wünsche und Bestrebungen seiner Nation zu verwirklichen, der dies mit einem gewaltigen Erfolg und doch ohne jede Ueberhebung gethan, der dabei ein milder, volksfreundlicher Regent geblieben ist, eine populäre Figur" — dass der von Mörderhand bedroht, ja getroffen wurde. Wir vermögen den Gedanken kaum zu fassen und zu ertragen, dass die hohe Heldengestalt unseres Kaisers, des Siegers von Königgrätz und Sedan, der fest stand im Donner der Schlachten, vor dem tückischen Blei eines ruchlosen Buben dahingesunken wäre, dass die Annalen der deutschen Geschichte auf ihrem dunkelsten Blatte das schmachvolle Ereigniss zu verzeichnen gehabt, wie der ruhmreiche erste Hohenzollern-Kaiser — gleich dem zweiten aus dem Hause Habsburg — ein tragisches Ende gefunden.

Doch solch schwere Sorge nahm ein gütiges Geschick vom Herzen der Nation. Den Tagen der Trauer folgten Tage des Trostes. Die durch strenge Mässigkeit und stete Arbeit gestählte Natur des greisen Helden überwand das ihm angethane schwere Leid. Und so ging bald, eher noch als man zu hoffen gewagt, in alles Land die frohe Botschaft, wie seinem Schmerzenslager, die von des Volkes Liebe gespendete blaue Blume der Treue in Händen, die hohe Himmelstochter Genesung genaht.

„Mit Frohlocken es einer dem andern rief:
Er lebt! Er ist da! Es behielt ihn nicht!"

Diese allgemeine Freude fand denn ihren erhebenden allgemeinen Ausdruck in der mit einem Ertrage von zwei Millionen die alte Liebe und Treue so glänzend bekundenden „Wilhelmspende". Sie fand ihren weiteren Ausdruck in dem jubelnden Empfange, der dem genesenen Kaiser zunächst auf seiner gewohnten herbstlichen Heerfahrt zu Cassel, dann am Rhein: in Coblenz, Cöln, Wiesbaden, und schliesslich von seiner Residenz Berlin bereitet wurde.

Voll freudigen Dankes, dass so unverhofft und wunderbar Schlimmes zum Guten sich gewandt, beeiferte sich Alles, dem theuren Heldengreise ein um so reicheres Mass begeisterter Liebe und Verehrung entgegenzubringen, mit um so bunteren Kränzen und volleren Gewinden seinen Ehrenweg zu schmücken. Unvergesslich ist mir zumal aus den C a s s e l e r Kaisertagen, wie unser Kaiser Wilhelm, von Gastein heimgekehrt, umbraust von dem Jubel der Tausende, im offenen Wagen seinen fröhlichen Einzug, seine joyeuse entrée auf Wilhelmshöhe hielt. Eine so freie, ungezwungene Kundgebung eines allergreifenden, aus dem innersten Herzen quillenden Enthusiasmus, eine so grossartig einmüthige Bethätigung treuester Anhänglichkeit an Kaiser und Reich hat man sicher sonst selten gesehn.

Dem entsprechend war der in seiner echt volksthümlichen Art ganz einzige und unvergleichliche Schmuck der Stadt Cassel, die seit der Gedenkfeier der Leipziger Schlacht ein solches Festtreiben nicht erlebt hatte. Bis in die fernsten Stadttheile, so weit hinauf, hinab das Auge reichte, winkte ihm das frische freundliche Grün unzähliger Guirlanden und Kränze, wallende Fahnen zogen darüber-hin, an allen Wendungen der mit dichtlaubigen Bäumen bestellten Strassen ragten Ehrenpforten mit poetischen Willkommgrüssen. In den ausgeräumten Schaufenstern bekränzte Büsten und Bilder des Kaisers, in Kornblumen dargestellt die Initialen seines Namens oder die Kroninsignien, und was derart sonst die Liebe erfunden. Dazu die drängende festliche Bewegung der erregten Menge, die aus tausend leuchtenden Blicken redende wahrhafte Begeisterung des Volkes für Deutschlands ritterlichen Kaiser! Auf allen Lippen e i n Wort: der Kaiser! In allen Herzen e i n Wunsch: der, den Kaiser zu sehen!

Meine kurze Schilderung lässt wohl zur Genüge erkennen, wie tief doch die Kaiseridee dem Volke in's Herz gedrungen. Und sah man dabei auf deren gefeierten Repräsentanten, dem zu Ehren das Alles so sinnig und herzlich veranstaltet worden, so durfte man sich mit patriotischem Stolz gestehen, dass, wie einst die Römer von Kaiser Titus sagten, unser Kaiser Wilhelm — gleich jenem streng gegen sich selbst, aber freundlich und gütig gegen seine Unterthanen — in Wahrheit die Liebe und Wonne seines Volkes genannt zu werden verdiente.

Dem Zweifler aber — denn es gibt ja überall solche nüchterne, skeptische Naturen — möchten wir zu alledem gewünscht haben, dass er jene zur grossen Kaiserparade zusammengeströmten Menschenmassen geschaut hätte, dass er da gehört, wie die Jubelrufe von Heer und Volk in e i n e n gewaltigen Accord zusammenschmolzen: Heil dem Kaiser! Die Trommeln wirbeln, die Fanfaren schmettern — aber sie schier übertönend braust zu den elektrisirenden Klängen der Nationalhymne der Hurrahruf des Volkes: Heil Dir im Siegerkranz!

Solche enthusiastische Huldigungen wiederholten sich, wenn auch nicht in gleicher Ausdehnung und Stärke, vielfach anderer Orten. Doch dem Kaiser selbst fehlte — so sehr auch diese untrüglichen Zeichen treuester Zuneigung und Anhänglichkeit seinem tief verwundeten Herzen wohlthun mussten — zu vollkommener Befriedigung bei alledem Eins: die gewohnte regelmässige und geordnete Thätigkeit, die ungehinderte Ausübung seines hohen Berufes. Erklärte Er doch selbst in dem Sinne zu Wiesbaden, er habe nicht so sehr ein Schmerzenswie ein Geduldlager überstanden, da er so lange seiner Thätigkeit sei entrissen worden. Welche Freude daher für unsern greisen Kaiserlichen Herrn, als es ihm endlich vergönnt war, selbst wieder mit kräftiger Hand das Ruder der Regierung zu ergreifen.

„Meine Kräfte gehören dem Vaterlande!" hatte einst der angehende Jüngling (bei seiner Confirmation) feierlich gelobt und das Wort wollte Er selbst als hochbetagter, schwergeprüfter Greis treulich halten — treu nicht nur dem Gelöbnisse seiner Jugend, sondern treu auch der alten preussischen Tradition: dass der Herrscher s e l b s t dem Staate gegenüber keineswegs absolut und eigener ernster Verpflichtung ledig sei, vielmehr nur — wie der grosse Friedrich dem übermüthigen Worte Ludwig's XIV.: „L'état c'est moi!" entgegen sagte — sich als dessen ersten Diener zu betrachten habe.

Gewiss nicht mit Unrecht hat man den preussischen Staat den Staat der Intelligenz genannt, er ist aber auch, mit gleichem Rechte können wir es sagen, von unten bis zur obersten Spitze der Staat der Arbeit, dessen charakteristische Art in den Worten des Dichters (Goethe, Tasso I, 4) vorgezeichnet erscheint: „Was gelten soll, muss wirken und muss dienen."

Diesen selbstlosen, jederzeit auf den Ernst der Arbeit gerichteten Sinn haben vor andern Fürstengeschlechtern die H o h e n z o l l e r n bewährt und bethätigt, welche, seitdem Friedrich's I. Mission in die Marken ging — bald wird ein halb Jahrtausend darüber entschwunden sein — mit zäher Energie ihren Staat gegen zahlreiche und mächtige Feinde zu schirmen, ja oft genug einen wahren Kampf um's Dasein zu führen hatten. Aus der glänzenden Reihe dieser willensstarken Fürsten seien hier nur die drei genannt, durch deren angestrengtes Wirken Preussen zu seiner Grösse gelangte, deren epochemachende Regierung so zu sagen die Etappen des von unserem Staate in nur zwei Jahrhunderten durchmessenen welthistorischen Weges darstellt, die Triumvirn der preussischen Geschichte: der grosse Kurfürst, Friedrich der Grosse, Kaiser Wilhelm — Kurfürst, König, Kaiser!

F r i e d r i c h d e r G r o s s e — um nur bei diesem unvergleichlichen, einzigen Fürsten einige Momente zu verweilen — war ohne Frage einer der thätigsten Menschen, die je auf der Höhe eines Thrones gestanden haben. Mit männlichem, würdevollem Ernste trat der Jüngling sein königliches Amt an, indem er, die in ihm aufsteigende elegische, wehmüthig resignirte Stimmung bezwingend, sich mahnend vorhielt, wie nun die idyllisch schönen Tage von Rheinsberg unwiederbringlich dahin seien:

„Ade, ihr Verse, du, der Flöte Klang,
Ade, ihr Freunde all', Voltaire und dein Gesang.
Ich trage jetzt die schwere Last der Krone,
Treu lob' ich meiner Pflicht und meinem Throne."

Wie von Anderen selten bezeugt, hatte Friedrich von der Aufgabe des Fürsten die erhabenste Vorstellung: je höher die Stellung, desto höher die Pflicht. „Will man", sagte er, „dass die Monarchie den Sieg behalte über die Republik, so muss der Monarch thätig und unbescholten sein und alle seine Kräfte zusammennehmen, um seinen Pflichten zu genügen." Im Gegensatz zu dem mit seinem prahlerischen Prunke, seiner weichlichen Ueppigkeit die Nemesis herausfordernden Versailler Königthum war es dem unablässig für das Wohl seines Staates wirkenden preussischen Heldenkönige wie Wenigen gegeben, durch seine Persönlichkeit der Monarchie eine höhere Weihe zu verleihen und, mit Fürst Kaunitz zu reden, den Thron und das Diadem zu adeln. Es ist ganz im Geiste der strengen Pflichtlehre Kant's, seines kategorischen Imperativs, wenn der König noch in seinen letzten Tagen sagte: „Mein Stand verlangt Arbeit und Thätigkeit, mein Leib und Geist beugen sich unter der Pflicht. Dass ich lebe, ist nicht nothwendig, wohl aber, dass ich thätig bin."

S e l b s t so unverdrossen in der Ausübung seines königlichen Berufes, war er denn auch berechtigt, Gleiches von Anderen zu verlangen und dem preussischen Staate mit dem berühmten Worte: „Toujours en vedette! Tout soit force, nerf et vigueur!" seine Aufgabe anzuweisen. Indem er so alle Kräfte antrieb und in Spannung hielt, zeigt sein hohes Vorbild in bedeutsamer Weise, was selbst ein kleiner Staat durch Einsicht und Thätigkeit seiner Fürsten vermag.

Als die Zeit nahte, in der Friedrich der Natur seinen Tribut zu zahlen hatte und die Aerzte ihm dringlich riethen, sich zu schonen, da selbst noch wollte er von Sorge für seine Person nichts wissen. Lange schon der Stütze des Stockes bedürftig, wollte er lieber den hinfälligen Körper zur Arbeit, zur Vitalität zwingen, als müssig sein. Wie er einmal an seinen Jugendfreund Jordan geschrieben: „Du hast Recht zu glauben, dass ich viel arbeite. Ich thue es um zu leben, denn nichts gleicht mehr dem Tode als der Müssiggang" — so dachte und handelte er bis zu seinem Todestage (17. August 1786).

Des Sinnes heisst es denn in seinem denkwürdigen Testamente u. A.: „Unser Leben ist ein flüchtiger Uebergang von dem Augenblicke der Geburt bis zu dem des Todes. Während dieses kurzen Zeitraumes ist der Mensch bestimmt, für die Gesellschaft, deren Mitglied er ist, zu arbeiten." Nachdem er dann des Näheren ausgeführt, wie er mit allen Kräften „seine Pflichten gegen den Staat zu erfüllen" bemüht gewesen sei, mahnt er seine Verwandten, „im Nothfall ihr persönliches Interesse dem Wohl des Vaterlandes, dem Vortheil des Staates zu opfern", und schliesst dann, seine letzten innigsten Wünsche in den letzten Hauch zusammenfassend, mit dem Mahn- und Segensrufe für sein Preussen: „Möge es stets mit Gerechtigkeit, Weisheit und Nachdruck regiert werden; möge es durch die Milde seiner Gesetze der glücklichste, in Rücksicht auf die Finanzen der am besten verwaltete, durch ein Heer, das nur nach Ehre und edlem Ruhme strebt, der am tapfersten vertheidigte Staat sein!"

Die hohe Auffassung königlicher Pflicht, wie sie das ganze Walten Friedrichs des Grossen durchdrang und in ihm in einer Klarheit und Festigkeit zu Tage trat wie nie vorher in einem anderen Lande und durch einen anderen Herrscher, diese uneigennützige Auffassung des Königthums als einer hohen und ernsten Pflicht hat unser Kaiser und König als ein edles Vermächtniss übernommen und zum innersten Eigenthum seiner Seele gemacht. Er, in dessen wunderbaren Thaten und Erfolgen der Stern Friedrichs des Grossen wieder aufleuchtete, ist sein wahrer und würdigster Erbe!

Gilt doch von unserem Kaiser Wilhelm in allen Punkten und in vollem Umfange, was der treffliche Geschichtschreiber Ludwig Häusser von Friedrich dem Grossen sagt: „In unserer ganzen Geschichte ist bis dahin keine Persönlichkeit zu erwähnen, an deren Grösse sich die gesammte Nation so ohne Unterschied der Stämme und Meinungen wieder erhob. Dass dieser König den Hochmuth der vornehmen europäischen Politik züchtigte und die alte deutsche Waffenehre wieder zur vollen glänzenden Anerkennung brachte, dass er allen den Fremdlingen, die sich so lange übermüthig als die Herren geberdet auf deutschem Boden, jetzt blutig heimzahlte und überall als der Ueberlegene, Rasche, Unbezwingliche erschien, dem auch die Gegner ihre Bewunderung nicht versagten, das war von unberechenbarer Wirkung für das ganze deutsche Leben. Hier ward der schlimme Ruf unserer schwerfälligen und unbeholfenen Art zum ersten Male glänzend widerlegt, hier ward nach langer Oede ein deutscher Mann mit seinem Volke der Gegenstand des Neides und der Bewunderung eines ganzen Welttheils.

Der unermüdlich thätige und wachsame König, in seiner schlichten, anspruchslosen Erscheinung, mit seinem scharfen Auge, seinem unverwüstlich gesunden Sinne, seiner Verachtung des Scheins, der Lüge, der Schmeichelei, seiner Gerechtigkeitsliebe — ist in zahllosen Geschichten, Erzählungen und Anekdoten in alle Kreise des Volkslebens eingedrungen und wie keine andere Persönlichkeit unserer Geschichte das lebendige Eigenthum der Nation geworden. Er ist der einzige Mann, dem es mitten in der Zerrissenheit gelang, im ganzen Kreise der Nation populäre Wurzel zu schlagen, dessen verehrtes Bildniss bis in die entlegensten Gegenden in Palast und Hütte eine Heimstätte fand."

Gleich seinem grossen Ahnherrn war unser Kaiser Wilhelm — wer möchte es heute glauben? — anfangs von wenig kräftiger Constitution. Als die Schlacht von Leipzig geschlagen wurde, musste der damals noch nicht 17jährige Jüngling auf Befehl des für seine Gesundheit ernstlich besorgten Vaters unthätig in Breslau bleiben. Doch bald hielt es ihn nicht länger daheim; er musste auch mit Blücher „über'n Rhein in Frankreich hinein!" Und wie ihn einmal seine edle Mutter, die hochsinnige Königin Luise, ihrem Vater geschildert: „einfach, bieder und verständig" — so erschien er auch dem alten Marschall Vorwärts, der damals (23. Dezb. 1813) in seiner treuherzig derben Weise aus Höchst schrieb: „Was mich nicht behagt, sind die villen grossen Herren. Eine ganze Hetze von Printzen krige ich wider um mich, von alle ist der Printz Wilhelm von Preussen mich der liebste."

Und so zog denn Prinz Wilhelm, der nur sechs Wochen die Campagne mitmachen sollte, aber mehr und mehr durch Ueberwindung der jugendlichen Schwäche stark ward, mit dem alten Blücher weiter gen Paris. Für seine im Gefecht bei Bar sur Aube bewiesene Bravour erhielt er am 10. März 1814 — dem Geburtstage der verklärten Königin Luise und zugleich dem ersten Stiftungstage dieses hohen Ehrenzeichens — das Eiserne Kreuz. Am 31. März zog er mit dem siegreichen Heere in Paris ein, und abermals, nach der Waterlooer Schlacht, am 13. Juli des folgenden Jahres und — welch wunderbare Fügung des Geschickes! — nach mehr als einem halben Jahrhundert, am 1. März 1871, stand er zum dritten Male, und diesmal als Deutschlands Oberfeldherr und Kaiser, vor den Thoren der bezwungenen Hauptstadt!

Welche Fülle von Ereignissen ist es , die sich , Aller Erinnerung gegenwärtig, in die jenem historischen Tage vorausgegangenen kurzen sieben Jahre zusammendrängt, welch gewaltiges Stück Geschichte, das da, im Verein mit seinen Heerführern und Staatsmännern, unser Kaiser Wilhelm geschaffen hat — nach den Männern des Wortes und des Gedankens der Mann der That, der berufen war, das Testament Friedrichs des Grossen zu erfüllen und zugleich das Wort seines königlichen Bruders einzulösen, dass die deutsche Kaiserkrone nur auf dem Schlachtfelde könne gewonnen werden.

Solchen Preis hat dem kaiserlichen Sieger gewiss nicht das lächelnde Glück zugeworfen, er war das Ergebniss langen angestrengten Wirkens, die Frucht ernster Mühen. Unser König hat eben selbst am besten wahrgehalten, was er in der bei Antritt seiner Regierung (7. Jan. 1861) erlassenen Proclamation seinem Staate als Norm vorgeschrieben: „Es ist Preussens Bestimmung nicht, dem Genuss der erworbenen Güter zu leben. In der Anspannung seiner geistigen und sittlichen Kräfte, in dem Ernst und der Aufrichtigkeit seiner religiösen Gesinnung, in der Vereinigung von Gehorsam und Freiheit, in der Stärkung seiner Wehrkraft liegen die Bedingungen seiner Macht. Nur so vermag es seinen Rang unter den Staaten Europas zu behaupten."

Bescheidenen, schlichten Sinnes glaubt Kaiser Wilhelm mit allem was er erreicht lediglich seine Schuldigkeit gethan zu haben. In diesem wahren Spartanersinne ruht ein Zug antiker Grösse, wie sie in der berühmten Inschrift des Simonides auf die Gefallenen von Thermopylae sich ausspricht, welche die grosse That prunklos als einfache Pflichterfüllung darstellt:

„Wanderer, kommst du nach Sparta, verkündige dorten, du habest
Uns hier liegen gesehn, wie das Gesetz es befahl."

In solcher Pflicht- und Berufstreue hat unser Kaiser einen nie ermattenden Thätigkeitstrieb in sich wach und rege erhalten, der, verbunden mit der Strenge und Einfachheit seiner Lebensweise, seinem hohen Alter eine Rüstigkeit verlieh, wie sie — von unserm Karl dem Grossen, unserm Barbarossa nicht zu reden — selbst im urgesunden classischen Alterthum von wenig Herrschern bezeugt wird. Wurde es doch an jenem seit Hannibal's Tagen furchtbarsten Feinde der Römer, dem pontischen Könige Mithridates als etwas ganz Besonderes gerühmt, dass er noch mit 70 Jahren bewaffnet zu Pferde gestiegen sei. Unsern Kaiser aber sieht man noch mit der Last seiner Achtzig, bald hier, bald dort, zu kriegerischer Uebung fest im Sattel!

Diese seltene, bis ins höchste Alter bewahrte, in strengem Pflichtgefühl begründete Arbeitsfrische und Arbeitslust dürfen wir als den hervorstechenden Charakterzug Sr. Majestät bezeichnen, als die Krone und den Preis seines Lebens. Und damit ist er ein hohes Vorbild eben unserer Zeit, wo Arbeitsscheu und Genusssucht das Verbrechen gross ziehn, wo, nach einem treffenden Worte Fr. Kreyssig's, frivole Pflichtverachtung wie giftiges Gas die Atmosphäre des Jahrhunderts durchdringt. Daher auch vielfach jene allem frischen Streben, allem idealen Schwunge abholde politische und sociale Verstimmung, daher jene trübe und pessimistische Anschauung, die sich in weitesten Kreisen breit macht und selbst in der modernen Dichtung und Philosophie überreichen Ausdruck gefunden hat.

Ein erfreulicheres Bild, ein erquickendes und anziehendes, gewährt uns die Jugend, deren Bildung unserer Sorge anvertraut ist. Möge sie, frohen Herzens und hellen Blicks dem Leben zugewandt, jederzeit auch den ernsten Geist der Arbeit pflegen, der im erlauchten

Hohenzollern-Hause webt und waltet. Möge sie erkennen und bedenken, dass insbesondere die Wissenschaft, deren edlem Dienste sie sich gewidmet, die ganze Hingabe der Kräfte verlangt und schon dadurch, neben ihrem unschätzbaren inneren Werthe, eine hohe sittliche Bedeutung hat. Darnach zu handeln, im kleinen Kreise durch Fleiss und Pflichttreue hohem Vorbilde nachzueifern, das wäre wohl ein Gelöbniss „des Kaisers werth an seinem herrlichsten Feste"!

Ein gutes, Vertrauen erweckendes Anzeichen, dass dem so sein werde, mag uns eben der heutige festliche Tag geben. Es ist der erste Frühlingstag, wo nach langer grauer Winteröde das erste junge Grün in Flur und Wald das Herz mit Hoffnung und neuem Lebensmuth erfüllt. Frühlingsanfang: Kaisers-Geburtstag — bedeutungsvolles Zusammentreffen! Ein glückliches Augurium, das uns froh bewegt mit dem Dichter (Gust. zu Putlitz) ausrufen lässt:

> „Heil Ihm, der uns einst geboren mit dem neu erwachten Lenze,
> Aus dem ersten Grün des Jahres winden wir die Kaiserkränze.
> Mit des jungen Jahres Blüthen trat ins Leben er hinein,
> Glück verheissend unserm Volke wie ein Frühlingssonnenschein!"

Nach wilden Kriegesstürmen hat unser Kaiser am Abend eines vielbewegten Lebens, dessen Wurzeln noch in das vorige Jahrhundert reichen, während seine Krone dem Ausgange des jetzigen zuneigt, mit des Reiches Wiedergeburt den langersehnten deutschen Frühling heraufgeführt. Dass unser Volk, wie der sangesreiche Heldenjüngling (Th. Körner) es einst erfleht, nun dasteht „bekränzt vom Glücke, in seiner Vorzeit heil'gem Siegerglanz", es ist vor allem das Werk dessen, dem schon die Zeitgenossen den Namen des Siegreichen gegeben haben. Sein Werk ist es, dass wir hier am Strande des vielbesungenen, vielumworbenen Stroms als unbezwungene Deutsche in Freiheit und Frieden seinen Ehrentag feiern. Durch Ihn erst wurde die bezeichnende Inschrift unseres Bonner Arndt-Denkmals zur vollen Wahrheit: „Der Rhein Deutschlands Strom, nicht Deutschlands Grenze!"

Voll inniger Dankbarkeit preisen wir drum unsern theuren Kaiser, der, gross durch seine Thaten, ehrwürdig durch seine Person, nicht nur ein Eroberer neuen Staats- und Reichsgebiets geworden ist, sondern auch ein Eroberer der Geister und Herzen. Fürwahr ein Herrscher und ein Held — gross und gut, bei dessen Anblick es uns an die Schilderung gemahnt, welche das alte Rolandslied von Karl dem Grossen gibt: „Edel von Haltung, im Antlitz Stolz und Milde, den weissen Bart auf blühender Wange, leicht gerührt und hoch erheitert, wenig redend und festen Sinnes bei grosser Güte." So steht das Bild des Kaisers vor uns, und schon beginnt, wie es nur bei grossen Persönlichkeiten der Geschichte eigenthümlich ist — und selbst die letzten ruchlosen Mordversuche konnten nur dazu beitragen diesen Eindruck zu erhöhen, dies vorahnende Gefühl zu bestätigen — ja, schon beginnt, sage ich, der Reiz des Romantischen, Sagenhaften sein ehrwürdiges Haupt zu umschweben und wird es weiter, je mehr diese imposante Gestalt in eine wahrhaft historische Perspective rückt.

Wir aber bitten zu Gott, dass er auch fernerhin unseres geliebten Kaisers Leben und Wohlergehn in seinen gnädigen Schutz nehme, und schliessen unsere ehrfurchtsvollen wärmsten Wünsche in die (meinerseits nur mit einer leichten Variante bedachten) classischen Verse des römischen Dichters:

> „Serus in coelum redeas diuque
> Laetus intersis populo Germano,   Tollat. Hic magnos potius triumphos,
> Neve te nostris vitiis iniquum   Hic ames dici Patér atque Princeps!"
> Ocior aura

Ja, möge er noch lange huldreich unter seinem treuen Volke weilen, seines Siegesruhms froh und des Volksgrusses: Vater und Fürst! Und so erschalle denn zur Bekräftigung dieses Wunsches von Herz zu Herz, von Mund zu Munde unser Jubelruf: Se. Majestät, unser Allergnädigster Kaiser und König — lebe hoch!

Antrittsrede des Rectors,
am 13. Mai 1878.

Indem ich hier zum ersten Male vor Ihnen auftrete, um die Laufbahn zu beginnen, welche mir der ehrende Ruf unserer hohen Regierung eröffnet hat, sei es meine erste Pflicht, dieser hochgeehrten Versammlung, welche theilnehmende Liebe zu unseren Studien und der studirenden Jugend hierhergeführt hat, für die damit bezeugten Sympathien den geziemenden ergebensten Dank auszusprechen. Vor allem aber drängt es mich, dem verehrten Vertreter der vorgesetzten hohen Behörde, dessen freundlich anerkennende und mahnende Worte mich so sehr ermunterten und ermuthigten, meinen besonderen tiefgefühlten Dank abzustatten. Seine ehrende Gegenwart ist unserer Anstalt eine Gewähr weiteren gütigen Wohlwollens. Ja, wir dürfen die uns erwiesene Gunst um so höher anschlagen, als die Zeit des Repräsentanten unserer Regierung eben zu Beginn dieses Semesters bereits durch zw. andere Amtseinführungen in Anspruch genommen war.

Da es mir nun nach altem Brauche weiter obliegt, meine mit dieser Stunde inauguri Amtsthätigkeit durch einige Worte einzuleiten, so will ich, da wenige Zeit mir zugemes ist, nur einen Ihnen dahier oft vor Augen getretenen classischen Spruch einer kurzen trachtung unterbreiten. Es sind eben die Worte, welche, von meinem zweiten Vorgä herrührend, über die Schwelle dieses Saales Sie wie ein altrömisches Salvete! begrüs „Introite, nam et hic Dii sunt." Ursprünglich ist's ein griechischer Spruch, über dessen nä Beziehung uns der Humboldt des Alterthums, Aristoteles, berichtet: einst hätten einige At den Philosophen Heraklit, dessen Ruhm durch ganz Hellas erscholl, zu Ephesus besuchen wollen. Als sie nun, durch das bescheidene Aeussere der ihnen bezeichneten Wohnung irre gemacht, unschlüssig waren näher zu gehen, trat der Weise heraus und hiess sie mit freundlichem Willkommgruss getrost eintreten, denn auch hier seien Götter: *„εἰσιέναι θαῤῥοῦντας, εἶναι γὰρ καὶ ἐνταῦθα θεούς."* Der tiefblickende ernste Denker wollte damit zu verstehen geben, dass — entgegen dem vulgären Götterglauben, den er eine *„ἱερὰ νόσος"* nan — auch seine Lehre Keime des Göttlichen enthalte und pflege. In analogem Sinne dürfe wir denen, die diesem schlichten Asyle der humanen Wissenschaften nahen, zurufen: „ ein, denn auch hier sind Götter!"

Nach seinem Namen und seinem Zwecke ist eben unser deutsches Gymnasium eine Turnschule des Geistes — ich möchte sagen: gegen die mehr eine besondere Fachbil bezweckende Realschule eine auf das Allgemeine, Höhere gerichtete Idealschule. „Litt — Artes"*) steht auf dem Panier, das wir hochhalten und wie ein heiliges Palladium schirm Gerade in unserer industriell so gewaltig entwickelten Zeit mit ihrer wilden Jagd nach de Glück, wo Genuss und Gewinn um jeden Preis die Parole des Tages ist, und entgegen au der Complicirtheit und aufregenden Unruhe des modernen Lebens ist der erhabene Idealismu der antiken Bildung von doppelter Bedeutung.

Die stille Grösse der alten Welt, die edle Einfalt und Würde, welche allen Erscheinungen des antiken Lebens aufgeprägt ist, hier des Weiteren schildern wollen möchte Männern gegenüber, die den Werth dieser Studien als Jünglinge erkannt haben und gewiss noch jetzt

*) Inschriften des Saales.

3

wohl zu würdigen wissen, fast gemeinplätzig erscheinen, ja es hiese im wörtlichsten Sinne „Eulen nach Athen tragen". Ich lasse daher lieber die schönen Worte Jean Paul's für mich reden: „Wenn es je Bildner und Lehrer des Menschengeschlechts gegeben hat, so sind es die Griechen; und die ernsten, selbst classischen Römer, die ersten Schüler von jenen, haben bereits dargethan, was der Einfluss griechischer Bildung ist und vermag. Die jetzige Menschheit versänke unergründlich tief, wenn nicht die Jugend vorher durch den stillen Tempel der grossen alten Zeiten und Menschen den Durchgang zum Jahrmarkte des späteren Lebens nähme."

Ein warnendes Beispiel, wie ein Volk ohne unsere humanistischen Studien dem nackten Materialismus, dem blöden Cultus des goldenen Kalbes verfällt, ist das heutige Amerika, wo der „allmächtige Dollar" herrscht und in der allgemeinen Geldjagd so recht der spöttische Spruch des alten Horaz praktisch geworden ist: „Mach dir Geld, wenn's geht auf rechte Weise, wo nicht, mach dir nur Geld — rem, facias rem!"

Sollte mir hier vielleicht im Stillen der Vorwurf gemacht werden, dass ich eben nur in eigener Sache redete, im Grunde nur eine oratio pro domo hielte, so sei mir gestattet, auf die jüngst publicirten*) trefflichen Worte Emil Du Bois-Reymond's hinzuweisen — von dem berühmten Physiologen gewiss ein unverdächtiges, vollwichtiges Zeugniss: „Halten wir der die Ideale zergliedernden, was sie nicht in nüchternes Licht zu setzen vermag verächtlich bei Seite schiebenden, die Geschichte ihrer ergreifenden Macht, die Natur selber des reizenden Schleiers beraubenden Naturwissenschaft das Palladium des Humanismus entgegen. Wie er die Menschheit aus dem Verliesse der scholastischen Theologie errettete, so trete er jetzt in die Schranken wider den neuen Feind harmonischer Cultur. Die von unvergänglichem Zauber umwitterten Menschen- und Göttergestalten des Alterthums, jene Sagen und Geschichten der mittelländischen Völker, in welchen fast alles Schöne und Gute wurzelt, der geistige Umgang mit der hochgestimmten antiken Gesellschaft, die zwar der Naturwissenschaft entbehrte, aus deren Mitte aber bevorzugte Männer zu kaum wieder erreichter Grösse aufstiegen: sie sind es, von deren Einwirkung auf das jugendliche Gemüth am sichersten Heil im Kampfe gegen die mit eisernem Arm heute nur noch locker, bald jedoch enger und enger uns umschnürende Neobarbarei zu hoffen ist. Der Hellenismus halte den Amerikanismus von unseren geistigen Grenzen fern."

Letzterem entgegen sei auch darauf hingewiesen, wie eben ein anderes, dem unseren nächstverwandtes, aber gleichfalls eminent praktisches Volk, das englische, sich jederzeit dessen bewusst geblieben ist, was es dem streng durchgeführten classischen Principe seiner Jugendbildung verdankt. Seine ersten Staatsmänner, wie Pitt und heute Gladstone, kannten und kennen die Alten trotz jedem Philologen.

Vor allem aber ist es unser Deutschland, dem der unbestrittene Ruhm treuester und sorgsamster Pflege der classischen, wie der diesen innerlich verwandten Studien gebührt. Der Franzose Leon Gautier meinte sogar, eben in der deutschen Wissenschaft liege Deutschlands Stärke und das Geheimniss seiner Triumphe. Und wenn nun auch andere vorurtheilsfreie Männer unter unseren galanten Nachbarn mit „patriotischer Beklemmung" bekannten, dass eine der Hauptursachen ihrer steten, geradezu unerhörten Niederlagen die wissenschaftliche Ueberlegenheit Deutschlands gewesen sei, welche Forderung wird sich für uns daraus ergeben? Doch wohl die, dass Alle, Lehrende wie Lernende, und soviel ein Jeder an seiner Stelle vermag, eifrig bestrebt sein sollen, jenen hohen Ruhm tüchtiger wissenschaftlicher Bildung für unser Vaterland aufrecht zu halten. Es kömmt dabei nicht auf das Vielerlernen an, denn eben das ist nach dem weisen Spruche Heraklit's: „πολυμαθία νόον οὐ διδάσκει" eher ein Fehler. Die echte Lernlust, die Philomathie, sei unsere Aufgabe, jenes edle wetteifernde Streben, das allem Gelingen den Kranz entgegen trägt.

Suchen wir aber auch — und damit wende ich mich vorzugsweise an euch, geliebte

---

*) Culturgeschichte und Naturwissenschaft. Leipzig, Veit & Co. 1878. S. 45.

Schüler — aus unseren Studien Eins vor allem uns anzueignen, worin eben die Alten uns ein leuchtendes Vorbild und Muster sind: die, wiederum wesentlich in idealem Sinne begründete, thatkräftige und opferwillige Vaterlandsliebe! Wohl in keinem Punkte haben die Alten ihre sittliche Kraft, ihre virtus, d. h. männliche Tüchtigkeit, edler und herrlicher an den Tag gelegt. Und eben diese, Griechen wie Römer gleich sehr auszeichnende, lebendige Vaterlandsliebe ist wiederum, wie die Alten treffend sagten, „die Mutter vieler Tugenden". Zu ihrer Bethätigung verlangt sie: Gehorsam, Gewöhnung an Ordnung, Zucht und Sitte, Fleiss, Arbeitsamkeit, Pflichttreue — alles Tugenden, die so recht Hohenzollern-Tugenden genannt werden können, Tugenden, deren freie Uebung eben dem Staate obliegt, dem das Königliche Wort zur Richtschnur gegeben, dass es ihm nicht bestimmt sei, „dem Genuss der erworbenen Güter zu leben".

Auch an euch, ihr Knaben und Jünglinge, ergeht dieser Appell unseres allverehrten Kaisers und Königs. Auch auf euch rechnet Er, er erwartet von euch, der jungen Garde der Zukunft, dass der gute Geist, aus dem die eben genannten Tugenden erblühen, jederzeit unter euch walte. Macte virtute, puer! sagt Er zu einem Jeden von euch, die ihr dereinst bestimmt seid, mit den Waffen des Arms oder des Geistes auch eine „Wacht am Rhein" zu sein, die fest steht und treu zum Vaterlande!

Ihnen aber, meine geehrten Herren Collegen, reiche ich mit vollem Vertrauen zu gemeinsamer Arbeit die Hand und sage, gleiches Vertrauen von Ihnen erbittend, mit den Worten der Goethe'schen Iphigenie: „Zwischen uns sei Wahrheit!" Lassen Sie uns in rechter Berufstreue und Berufsfreudigkeit stets fest zusammenhalten und in gleicher Hingabe an die ideale Seite des Lehrerberufs in dem echten, harmonisch verbundenen religiösen, wissenschaftlichen und vaterländischen Sinne die unserer Obhut anvertraute Jugend den Weg führen, welchen der weise Heraklit die „ὁδὸς ἄνω" nannte, den Weg nach oben.

Mein letztes wie erstes Wort aber gilt Ihnen, hochzuverehrende Vertreter des Staates und der Stadt. Ich wende mich an Sie mit der ehrfurchtsvollen Bitte, dieser Anstalt, für deren Wohl und Gedeihen ich nach bestem Wissen und Vermögen thätig zu sein gelobt, Ihre wohlwollende Unterstützung, Ihren starken Schutz gewähren zu wollen. Ihre derselben seither so gütig erwiesene Theilnahme und Fürsorge sei ihr eine gute Bürgschaft, ein sicheres Pfand der Zukunft. Das walte Gott!

Schulnachrichten.

I. Lehrverfassung.

Secunda.

Ordinarius: **Der Rector.**

Religionslehre. a. Kathol.: Die Lehre von der h. Eucharistie. Das Wesentlichste aus der allgemeinen und besonderen Sittenlehre. Kirchengeschichte von der Reformation bis auf die Gegenwart. 2 St. *Terwelp.* — b. Evang.: Heilsgeschichte des alten Bundes und Bibelkunde des alten Testaments. Erklärung und Memorirung ausgewählter Kirchenlieder und Psalmen. 2 St. *Sinemus.*

Deutsch. Lectüre prosaischer und poetischer Stücke aus Worbs' deutschem Lesebuch, mit besonderer Beachtung des Mittelhochdeutschen (Nibel., Walther v. d. V.). Metrik. Declamations- und Dispositionsübungen. Alle 4 Wochen ein Aufsatz. (Mit den übrigen Klassen alle 6 Wochen Declamations- und Gesangsact auf der Aula.) 2 St. *D. Ord.*

Themata zu den deutschen Aufsätzen: 1) Das menschliche Leben und die Jahreszeiten. 2) Das Feuer, ein Freund und Feind des Menschen. 3) Gedankengang des Schiller'schen Spazierganges. 4) Der Rhein Deutschlands Strom, nicht Deutschlands Grenze (Klassenarbeit). 5) Die Dichter der Freiheitskriege. 6) Die Begründung der römischen Republik. 7) Uebersetzung der memorirten Praefatio des Livius (Klassenarbeit). 8) Dignum laude virum Musae vetat mori. 9) Die Kampfspiele der Phäaken. 10) Heimaths- und Vaterlandsliebe (Maturitäts- und Klassenarbeit).

Latein. Syntax nach Meiring Kap. 106—125. Mündl. Uebers. nach Seyffert. — Cic. d. imp. Cn. Pomp. und pro Archia. Liv. II. priv. Caes. d. b. civ. III. Memorir- und Sprechübungen. Wöchentlich ein Pensum oder Extemporale. 8 St. *D. Ord.* — Verg. Aen. III u. IV. Memorir- und metrische Uebungen. 2 St. *van Bebber.*

Themata zu den Aufsätzen in IIa. 1) Illud Horatii: „Dulce et decorum est pro patria mori" nonnullis exemplis illustratur. 2) De urbe Roma a Gallis deleta, restituta a Camillo. 3) De primariis quibusdam feminis Romanorum. 4) Commune periculum concordia propulsandum est.'

Griechisch. Syntax des Nomens nach Curtius. Mündl. Uebers. nach Halm. Xenoph. Anab. V, Herod. IX, c. 1—25, 28—69. Alle 14 Tage abwechselnd eine häusliche oder eine Klassenarbeit. 4 St. *van Bebber.* — Hom. Od. VI—X mit Memorirübungen. 2 St. *D. Ord.*

Französisch. Plötz Schulgrammatik, Lect. 35—50. Alle 14 Tage ein Pensum oder Extemporale. Lectüre aus Choix de nouvelles du XIXme siècle. 2 St. *Pauly.*

Geschichte und Geographie. Geschichte der Griechen. Geogr. Europa's und speciell Deutschlands. 3 St. *D. Ord.*

Mathematik. Proportionalität der Linien, Ausmessung geradliniger Figuren und des Kreises. Gleichungen I. Grades mit mehreren Unbekannten. Repetition des vorigjährigen

Pensums. Die Anfangsgründe der Trigonometrie. Alle 14 Tage eine schriftliche Arbeit. 4 St. *Pauly.*

Physik. Allgemeine Eigenschaften der Körper. Die Lehre vom Gleichgewichte und der Bewegung der Körper. 1 St. *Pauly.*

Tertia.

Ordinarius: Herr Oberlehrer **van Bebber.**

Religionslehre. a. Kathol.: Die Lehre von der Person und dem Werke des Erlösers, dem h. Geiste, der Kirche Christi und den letzten Dingen. Erklärung kirchlicher Hymnen. 2 St. *Terwelp.* — b. Evang.: Combinirt mit Secunda.

Deutsch. Erklärung prosaischer und poetischer Stücke aus dem Lesebuch von Schulz. Tropen und Figuren. Deklamationsübungen. Alle 3 Wochen ein Aufsatz. 2 St. *D. Ord.*

Latein. Syntax nach Meiring Kap. 91·-105. Mündl. Uebers. nach Meiring. — Caes. d. b. G. VI und VII, c. 1—70, priv. in IIIa V. Wöchentl. abwechselnd eine häusliche oder eine Klassenarbeit. 8 St. *D. Ord.* -– Ovid. Met. mit Auswahl. Das Nöthige aus der Prosodie und Metrik. Memoriren. 2 St. *Kuhl.*

Griechisch. IIIa.: Artikel, Pronomen, Modi in unabhängigen Sätzen, in abhängigen Aussage- und Fragesätzen, in Absichts- und Bedingungssätzen, Infinitiv, Particip, Attraction des Relativs nach Curtius. Mündl. Uebers. nach Halm. Alle 14 Tage abwechselnd eine häusliche oder eine Klassenarbeit. — Xen. Anab. I. Hom. Od. I. Das Wichtigste aus der Homerischen Formenlehre. Memorirt Od. I., 1—177. 6 St. *D. Ord.* — IIIb.: Verba liqu. Verba auf $\mu\iota$. Verba anom. Uebersetzungen aus dem Uebungsbuche. Alle 14 Tage eine häusliche oder Klassenarbeit. 6 St. *Krah.*

Französisch. Plötz Schulgrammatik L. 1—27. Alle 14 Tage ein Pensum oder Extemporale. 2 St. *Pauly.*

Geschichte und Geographie. Die deutsche Geschichte, mit besonderer Berücksichtigung der preussischen, von 1648—1871. 2 St. Geographie von Europa mit Ausschluss von Deutschland. 1 St. *Krah.*

Mathematik. Die Lehre vom Dreieck, Viereck, Kreis und von der Gleichheit der Figuren. Alle 14 Tage eine schriftliche Arbeit. 3 St. *Pauly.*

Naturgeschichte. Im Sommer Botanik, im Winter Mineralien. 2 St. *Pauly.*

Quarta.

Ordinarius: Herr **Kuhl.**

Religionslehre. a. Kathol.: Die Lehre von der Gnade, den Sakramenten und dem Gebete. Die Geschichte Jesu von der Auferstehung bis Himmelfahrt. Die Wirksamkeit der Apostel. Besprechung deutscher Kirchenlieder und einiger Hymnen. 2 St. *Terwelp.* b. Evangel.: Biblische Geschichte des alten Testaments, Erklärung und Memorirung von ausgewählten Kirchenliedern und Psalmen. 2 St. *Sinemus.*

Deutsch. Lese-, Memorir- und Declamir-Uebungen nach Schulz. Die Lehre vom Satze. Alle 14 Tage ein Aufsatz. 2 St. *D. Ord.*

Latein. Wiederholungen aus der Formenlehre, Syntax des Nomens, nach Meiring, kl. Gr. Einübung durch mündliche Uebersetzung (nach Meiring) und Extemporalien. Alle 8 Tage ein Pensum. Vocabeln nach Bonnell. Cornelius Nepos, 9 vitae; Phaedrus' Fabeln, nach Sibelis, tirocinium. Das Wichtigste aus der Prosodie und Metrik. Mehrere Capitel bezw. Fabeln memorirt. 10 St. *D. Ord.*

Griechisch. Formenlehre bis an die verba liquida, nach Curtius. Die entsprechenden Abschnitte aus Wesener übs. Alle 14 Tage eine schriftliche Arbeit. 6 St. *D. Ord.*

Französisch. Plötz Elementargrammatik 60—100. Alle 14 Tage ein Pensum oder Extemporale. 2 St. *Pauly.*

Geschichte und Geographie. Die Staaten des Alterthums nach Pütz. Wiederholung der Geographie von Asien, Afrika, Amerika, Australien. 3 St. *D. Ord.*

Mathematik. Allgemeine Rechnung mit Procenten, Zins-, Rabatt-, Vertheilungs- und Mischungs-Rechnung. — Die Lehre von der Lage gerader Linien und die Lehre vom Dreieck. 3 St. *Pauly.*

Quinta.
Ordinarius: Herr Dr. **Terwelp.**

Religionslehre. a. Kathol.: Die Lehre von den Geboten Gottes und der Kirche, von der Tugend und Sünde. Die Geschichte der Jugend und des öffentlichen Lebens Jesu. Das Kirchenjahr. Besprechung deutscher Kirchenlieder. 2 St. *D. Ord.* — b. Evangel.: Combinirt mit Quarta.

Deutsch. Grammatik im Anschluss an das Latein, besonders die Conjugation, Praepositionen und Adverbien. Der nackte und einfach erweiterte Satz. Das Allgemeine über Bei- und Unterordnung. Erklärung prosaischer und poetischer Stücke aus dem Lesebuche. Deklamation. Wöchentlich eine orthographische Uebung. 2 St. *D. Ord.*

Latein. Wiederholung der regelmässigen und Einübung der unregelmässigen Formenlehre. Die wichtigsten syntaktischen Eigenthümlichkeiten. Vokabulieren. Extemporalien. Wöchentlich ein Pensum. 10 St. *D. Ord.*

Französisch. Plötz Elementargrammatik, Lekt. 1—70. Alle 14 Tage ein Pensum oder Extemporale. 3 St. *Pauly.*

Geographie. Belehrungen aus der mathematischen Geographie. Beschreibung der Gebirge und Gewässer Europas, besonders Deutschlands. Die einzelnen Länder Europas mit besonderer Berücksichtigung von Deutschland und Preussen. Kartenzeichnen. 3 St. *Laubenthal.*

Rechnen. Die Rechnungen mit Decimalbrüchen. Zusammengesetzte Regel de Tri. Allgemeine Rechnungen mit Procenten; Gewinn- und Verlustrechnung; Zins- und Rabattrechnung; Gesellschaftsrechnung; Mischungsrechnung. Alle 14 Tage eine schriftliche Arbeit. 3 St. *Laubenthal.*

Naturgeschichte. Uebersicht über die Botanik und Zoologie. 2 St. *Laubenthal.*

Sexta.
Ordinarius: Herr **Krah.**

Religion. a. Kathol.: Die üblichsten Gebete. Das Wichtigste vom Busssakramente. Erklärung des apostolischen Symbolums. Biblische Geschichte von Erschaffung der Welt bis David. Besprechung deutscher Kirchenlieder. 2 St. *Terwelp.* — b. Evangel.: Combinirt mit Quarta.

Deutsch. Grammatik im Anschluss an das Latein, mit Zugrundelegung von Lattmann Grundzüge etc., insbesondere die Wortarten, Declination und Conjugation, Praepositionen und Adverbia; der einfache Satz und die Hauptregeln der Orthographie und Interpunktion. Lesen und Erklären prosaischer und poetischer Stücke aus dem Lesebuche. Declamation. Wöchentlich eine orthographische Uebung. 2 St. *D. Ord.*

Latein. Die regelmässige Formenlehre. Mündliches und schriftliches Uebersetzen aus dem Uebungsbuche. Wöchentlich ein Pensum. 10 St. *D. Ord.*

Geographie. Vorbegriffe aus der mathematischen und physischen Geographie. Uebersicht der aussereuropäischen Erdtheile. Anleitung zum Kartenzeichnen. 3 St. *D. Ord.*

Rechnen. Die Rechnungen mit gewöhnlichen Brüchen. Einfache Regel de Tri in ganzen Zahlen und Brüchen. Alle 14 Tage eine schriftliche Arbeit. 4 St. *Laubenthal.*
Naturgeschichte. Combinirt mit Quinta.

Ausserordentlicher Unterricht im Englischen

wurde für 14 freiwillig angemeldete Schüler der Secunda und Tertia in wöchentlich 2 ausserhalb der gewöhnlichen Schulzeit liegenden Stunden von dem *Rector* ertheilt. Durchgenommen wurden — im 2. Semester durch regelmässige schriftliche Arbeiten unterstützt — die ersten 17 Lectionen (S. 1—101) der englischen Conversations-Grammatik von Gaspey-Otto. Zu freier Lectüre dienten Walter Scott's Tales of a grandfather, wovon nach der Auswahl von Schaub die Kapitel 1, 2, 3, 4 u. 6 (S. 1—29 u. 44—52) gelesen wurden.

Technischer Unterricht.

1) **Schreiben.** VI und V combinirt. Einübung der deutschen und englischen Currentschrift, bei den Schülern der V auch der Ronde- und Fracturschrift sowie der griechischen Buchstaben. 3 St. *Laubenthal.*

2) **Zeichnen.** VI. Geometrisches Zeichnen, verbunden mit der Formenlehre. 2 St. — V. Elemente des perspectivischen Zeichnens und Freihandzeichnen nach Vorlegeblättern. 2 St. — IV. und die freiwilligen Theilnehmer der III und II: Weitere Entwickelung der Perspective. Ausgeführtes Zeichnen von Holzkörpern. Grössere Darstellungen nach Vorlegeblättern. 2 St. *Laubenthal.*

3) **Gesang.** VI. Das Unentbehrliche aus der Notation. Erklärung und Treffübungen der verschiedenen Intervalle. Rhythmische und dynamische Uebungen. Einübung der beim Schulgottesdienste gebräuchlichen Choräle. 14 Volkslieder. 1 St. — Chor (alle Classen combinirt): Weitere Kenntnisse aus der Notation. Mehrere religiöse und 15 vierstimmige weltliche Gesänge. 2 St. *Laubenthal.*

4) **Turnunterricht** wurde in 3 wöchentlichen Stunden für alle Classen, in einer Stunde für die Vorturner gegeben. *Pauly.*

Lehrbücher.

Für den deutschen Unterricht in Secunda wird fortan statt des bisherigen Deyeks-Kiesel'schen Lehrbuchs das von Worbs in Gebrauch treten.

Für den facultativen Unterricht im Englischen sind die Grammatik von Gaspey- und Walter Scott's Tales of a grandfather, in der Auswahl von Schaub, eingeführt.

Aufgaben für die schriftliche Entlassungsprüfung.

1) **Deutscher Aufsatz:** Heimaths- und Vaterlandsliebe.

2) **Mathematik:** a. 1) $x^2 + 2y + 3z = 4$; 2) $\frac{1}{yz} - \frac{2}{xz} - \frac{6}{yx} + \frac{4}{xyz} = 0$; 3) $5x + \frac{1}{2}y - 5z + \frac{1}{12} = 0$. b. Ein Capital von 8443 M. zu 4% verzinst wird in wie viel Jahren ebenso gross sein wie ein Capital von 9000 M. zu 6% in 9 Jahren? c. Ein Dreieck zu construiren aus einem Winkel, der Höhe und Seitenhalbirungslinie zu der dem Winkel gegenüberstehenden Seite. d. In einen gegebenen Kreis ein Rechteck zu beschreiben, dessen Seiten ein gegebenes Verhältniss m : n haben.

3) Ein lateinisches, 4) ein griechisches und 5) ein französisches Scriptum.

Uebersichts-Tabelle über die Vertheilung des Unterrichts.

Lehrer.	Ordinariat.	Secunda.	Tertia. A. | B.	Quarta.	Quinta.	Sexta.	Stundenzahl.
1. Dr. J. Schlüter. Rector.	II.	2 St. Deutsch. 8 St. Latein. 2 St. Homer. 3 St. Gesch.					15 1)
2. H. van Bebber, Oberlehrer.	III.	4. St. Griech. 2. St. Verg.	6 St. Griech. 2 St. Deutsch. 8 St. Latein.				22
3. G. Kuhl, Ordentl. Lehrer.	IV.		2 St. Ovid.	2 St. Deutsch. 10 St. Latein. 6 St. Griech. 3 St. Gesch.			23
4. J. Pauly, Ordentl. Lehrer.		4 St. Mathem. 2 St. Franz. 1 St. Physik.	3 St. Mathem. 2 St. Franz. 2 St. Naturgesch.	3 St. Mathem. 2 St. Franz.	3 St. Franz.		22 2)
5. Dr. G. Terwelp, Ordentl. Lehrer.		2 St. Religion.	2 St. Religion.	2 St. Religion.	2 St. Religion. 2 St. Deutsch. 10 St. Latein.	2 St. Religion.	22 3)
6. F. Krah, Ordentl. Lehrer.	VI.		6 St. Griech. 3 St. Gesch.			2 St. Deutsch. 10 St. Latein. 3 St. Geogr.	24
7. P. Laubenthal, Ordentl. Lehrer.			2 St. Zeichnen.		3 St. Rechnen. 3 St. Geogr. 2 St. Zeichnen.	4 St. Rechnen. 2 St. Zeichnen. 1 St. Gesang.	24 4)
					2 St. Naturgeschichte. 3 St. Schreiben.		
			2 St. Gesang in allen Klassen.				
8. K. Sinemus, ev. Religionslehrer.		2 St. Religion.		2 St. Religion.			4

1) Dazu 2 St. Englisch für Schüler der II. und III. und die Verwaltung der Bibliothek. 2) Dazu 3 St. Turnen. 3) Dazu Abhaltung des Schulgottesdienstes. 4) Dazu das Orgelspiel im Schulgottesdienst.

II. Lehrapparat.

Aus den etatsmässigen Mitteln wurden angeschafft:

1) für die **Lehrerbibliothek**: N. Jahrb. f. Philol.; Ztschr. f. d. Gymn.-W.; Centralbl. f. d. Unterr.-Verw.; Jahrb. d. Vereins v. Alterthumsfr. i. Rheinl. — Die laufenden Fortsetzungen von Grimm's Wörterbuch, Ebeling's Lex. Hom., Schmid's Encyclop. und dem Generalstabswerk üb. d. deutsch-franz. Krieg 1870—71. — Verhandl. d. 32. Philol.-Vers. zu Wiesbaden; Becker, Charikles 3. Bd.; Stoy, Pädagogik; Wegeler, Beitr. z. Specialgesch. d. Rheinl., 2. Aufl.; Molitor, Gesänge f. 4st. Chor.

2) für die **Schülerbibliothek**: Worbs, Deutsches Lesebuch; F. Schmidt, Kaiser Wilhelm; Otto, Deutsche Dichter u. Denker; Lindenberg, Dem Kaiser! Deutsche Dichtergaben; Kugler, Gesch. Friedr. d. Gr.; Welter's Weltgesch., 3 Bde, 24. Aufl.

3) für das **physikal. Cabinet**: ein Gasometer, ein Bunsen'sches Flaschen-Element und verschiedene Chemikalien.

Geschenkt wurden:

1) der **Bibliothek**: Von Herrn Landrath D e l i u s in Mayen: Die Beleuchtung der deutsch Seeküsten. Von Herrn Districtsarzt Dr. K l e f f m a n n hier: Oken's Allg. Naturgesch., 12 I m. Atlas; Garve, Uebers. u. Erkl. von Cicero's Büchern von den Pflichten, 2 Bde; Me lembert, die Mönche des Abendl., 1. Thl.; Bodenstedt, die Lieder des Mirza-Schaffy; Vir die Freiheit der Wissensch.; A. Cornelii Celsi Medicina; Shakespeare, works, 7 Bde (Macaulay, Essays, 3 Bde; Ch. Dickens, a tale of two cities, 2 Bde; English Essays, vor Autoren, 4 Bde (Hamburg, Meissner, 1870); Longfellow, works, 4. Bd; Hallberger Magazine, 2 Bde; La Rochefoucauld, Maximes et réflexions; Fables de La Fontaine: St. Histoire de France; Manzoni, I promessi sposi; Le rime di Fr. Petrarca; Filippi, erster U in d. ital. Sprache; eine alte Botanik („Gewächsbuch"), gr. Lex.-F. m. vielen color. Abbil (s. l. et a.). Von Herrn Baumeister M ü l l e r hier: Zarncke's Lit. Centralbl. 1877. Vom Unterzeichneten: Katz, die Ursachen der Erblindung. — Von den HH. Verfassern: Prof. S e p p in Augsburg: Varia, Sammlung latein. Sprüche u. Redensarten; Dr. K. M e u r e r in Cöln (früh. Schüler d. Anstalt): Engl. Synonymik und Shakspere-Lesebuch m. Wörterb. — Von den HH. Verlegern Wiegandt, Hempel & Parey, F. A. Herbig, R. Stricker, F. Müller in Berlin Teubner, Velhagen & Klasing, A. Dürr, Ed. Peter in Leipzig, Vandenhoeck & Ruprecht in tingen, Schöningh in Paderborn, Coppenrath in Münster, Bädeker in Essen, Oldenbu München, Schauenburg in Lahr: Budde, Physik; Struve, Elemente der Geom., Trigon. u gebra; Matzat, Zeichnende Erdkunde; Plötz, französ. Lese- u. Uebungsbuch; Richter, la Lesebuch; Böhme, Rechnen-Aufg., 3 Hefte; Heinichen, deutsch-latein. u. latein.-deutsches L kon, 2 Bde; Andree-Putzger's Gymnasial- u. Realschulatlas; Deutsche Jugend, Oktb.-Heft 18 Hummel, Kl. Landeskunde der Rheinprovinz; Beckmann, französ. Leseb., 1. Thl; Schel Rechnen-Aufg.; Heilermann, Algebra, 2 Thle; Sybel, Histor. Ztschr. 1879, Heft 1; Seri Ausw. v. Gesängen, 7 Hefte; Lattmann, Latein. Lese- u. lat. Uebungsbuch f. Quinta.

2) der **Bibliotheca pauperum** von den Herren S t a d l e r zu Nettemühle und B a c k h a u s zu Nettehammer grössere Partien meist wohlerhaltener Schulbücher.

3) dem **physikal. Cabinet** von Herrn S t a d l e r ein grosses Modell einer Dampfmaschine; von Herrn M e y s e r hier eine Döbereiner'sche Zündmaschine.

4) der **zoolog. Sammlung** von Herrn Ed. F r a n k hier ein in Spiritus gesetztes Exemplar einer Bartgrundel (Cobitis barbatula).

Allen freundlichen Gebern ermangelt der Berichterstatter nicht Namens der Anstalt seinen ergebensten Dank auszusprechen.

5

III. Verfügungen der Behörden.

1) **Min.-Verf. v. 18.** Juni 1878: Revaccinirte Schüler sind auf die Dauer von 14 Tagen nach erfolgter Wiederimpfung von den Turnübungen zu dispensiren.

2) **Verf. d. P.-S.-C. v. 30.** Octb. 1878: „Zu dem schriftlichen Theil der Entlassungsprüfung der Progymnasien tritt von Ostern 1879 ab ein griechisches Scriptum hinzu. In den mündlichen Theil derselben Prüfung ist von dem nämlichen Zeitpunkte ab das Fach der Religionslehre aufzunehmen."

3) **Verf. d. P.-S.-C. v. 18.** Febr. 1879: Um den Lehrern der höheren Lehranstalten die Theilnahme an der vom 24. bis incl. 27. Septb. zu Trier tagenden 34. General-Versammlung deutscher Philologen und Pädagogen zu ermöglichen, wird bestimmt, dass unter Ausdehnung der Herbstferien auf 5½ Wochen in diesem Jahre der Unterricht Mittwoch den 20. August zu schliessen und Montag den 29. Septb. wieder aufzunehmen ist, dass dagegen die bevorstehenden Osterferien in der Art eine Einschränkung erfahren, dass dieselben anstatt vom 9. bis zum 26. nur vom 9. bis zum 23. April dauern.

IV. Frequenz.

Die Anstalt wurde im verflossenen Schuljahr überhaupt von 84 Schülern besucht. Davon waren in IIa: 1, IIb: 12, IIIa: 8, IIIb: 19, IV: 17, V: 10, VI: 17 Schüler. Einheimisch waren 58, auswärtig 26; katholisch 65, evangelisch 13, israelitisch 6. Im Laufe des Schuljahres wurden neu aufgenommen 22, ausgetreten sind 9, davon 3 mit dem Qualificationszeugniss für den einjähr. freiwill. Militärdienst.

Auf Grund der am 29. März unter Vorsitz des Berichterstatters abgehaltenen Entlassungsprüfung erhielt das Zeugniss der Reife für die Prima eines Gymnasiums:

Joseph Münch, Sohn des Stationsvorstehers Herrn Jos. Münch zu Niederbreisig, geb. am 31. Mai 1861 zu Niederbreisig, 2 J. Schüler der Secunda, 4½ J. der Anstalt.

Eine Dispensation vom Religionsunterrichte auf Grund der M.-V. v. 29. Febr. 1872 ist nicht nachgesucht worden.

V. Chronik.

1) Das Schuljahr begann am 6. Mai v. J. Am 13. Mai wurde der Unterzeichnete durch den Commissar des Kgl. Prov.-Schulcollegs Herrn Prov.-Schulrath Dr. **von Raczek** in sein Amt eingeführt. Dem Einführungsacte folgte ein zahlreich besuchtes Festmahl im Hôtel Hackenbruch.

2) Durch Verfügung vom 7. November v. J. wurde die durch Ernennung des Herrn Dr. **Esser** zum Kreisschulinspector erledigte 3. ordentliche Lehrerstelle dem Herrn **Pauly**, die hierdurch vacant gewordene 4. Stelle dem Herrn Dr. **Terwelp** und die weiter erledigte 5. Stelle dem seitherigen commissarischen Lehrer Herrn **Krah** verliehen.

Franz Krah wurde geboren am 8. Januar 1852 zu Herschbach (Regierungsbezirk Wiesbaden). Seine Gymnasialbildung genoss er an dem Gymnasium zu Hadamar und wurde zu Ostern 1870 mit dem Zeugnisse der Reife entlassen. Er studirte dann auf den Universitäten Bonn und Leipzig Philologie und Geschichte und absolvirte am 12. Mai 1875 in Bonn die wissenschaftliche Staatsprüfung. Das Probejahr, welches er demnächst an dem Gymnasium zu Coblenz begann, wurde durch die einjährige Dienstzeit unterbrochen, und dann an demselben Gymnasium Ostern 1877 vollendet. Darauf wurde er als commissarischer Lehrer an dem Progymnasium zu Andernach angestellt und mit dem 1. October 1878 zum ordentlichen Lehrer derselben Anstalt befördert.

3) Das Allerhöchste Geburtsfest Sr. Majestät des Kaisers wurde in gewohnter Weise auf der Aula mit Gesang und Declamation gefeiert. Die Festrede hielt der Unterzeichnete. — Aus Anlass der Attentate des vorigen Jahres fand am 28. Mai (Wilhelmstag) ein Dankact auf der Aula, am 7. Juni während der Schulmesse ein gemeinsames Bittgebet statt. — Für die Herstellung der Figur des Friedens am National-Denkmale auf dem Niederwald bei Rüdesheim wurden unter den Schülern 32 Mark gesammelt und an die Deutsche Vereinsbank zu Frankfurt a. M. abgeschickt.

4) Am Christi-Himmelfahrtstage (30. Mai) feierten 8 Schüler, von Herrn Dr. Terwelp vorbereitet, das Fest der ersten hl. Communion.

Am 20. Juli machten Lehrer und Schüler eine Excursion nach Sayn resp. der Rauschermühle bei Plaidt.

Der regelmässige Fortgang des Unterrichts wurde leider mehrfach gestört, zunächst durch die den ganzen Monat Mai beanspruchende militärische Dienstleistung des Herrn Pauly, sodann durch Krankheit des Herrn Pauly (Juli 8 Tage), des Herrn van Bebber (Novbr. 6 Tage) und des Unterzeichneten (Dezbr. u. Febr. 14 Tage). Für den evangelischen Religionsunterricht fielen durch amtliche Verhinderung des Herrn Pfarrer Sinemus 10 Stunden aus.

VI. Schlussbemerkung.

Das Schuljahr wird am Dienstag den 8. April Morgens mit feierlichem Gottesdienst und nachfolgender öffentlicher Prüfung sämmtlicher Classen, Nachmittags mit Gesang und Declamation auf der Aula geschlossen. Die Versetzungen der Schüler sind durch Conferenzbeschluss endgültig festgestellt.

Das neue Schuljahr beginnt Donnerstag den 24. April Morgens 7 Uhr mit feierlichem Gottesdienst. Anmeldungen neuer Schüler werden von dem Unterzeichneten Mittwoch den 23. April Morgens entgegengenommen, wonach die Aufnahmeprüfungen am selben Tage Nachmittags stattfinden.

Jeder neu eintretende Schüler hat vorzulegen: a. sein letztes Schulzeugniss, b. seinen Geburts- oder Taufschein, c. seinen Impf- resp. Revaccinationsschein, d. das sogen. Nationale d. h. ein Blatt, auf welchem Vor- und Zuname des Schülers, Vor- und Zuname, Stand und Wohnung des Vaters resp. des Vormunds oder Stellvertreters verzeichnet sind.

Für die Aufnahme in Sexta wird gefordert: Geläufigkeit im Lesen und Schreiben deutscher und lateinischer Schrift; Fähigkeit, ein leichtes Dictat ohne grobe orthographische Fehler nachzuschreiben; Kenntniss der Redetheile; Sicherheit in den vier Grundrechnungsarten mit ganzen Zahlen. Das normale Alter für den Eintritt in Sexta ist das vollendete neunte Lebensjahr.

Auswärtige Schüler bedürfen zur Wahl ihrer Wohnung der Genehmigung des Rectors.

Andernach, den 31. März 1879.

Dr. Schlüter, *Rector.*

www.ingramcontent.com/pod-product-compliance
Lightning Source LLC
Chambersburg PA
CBHW031159090426
42738CB00008B/1394